기억하는 한 가장 오래

백은별 시선집

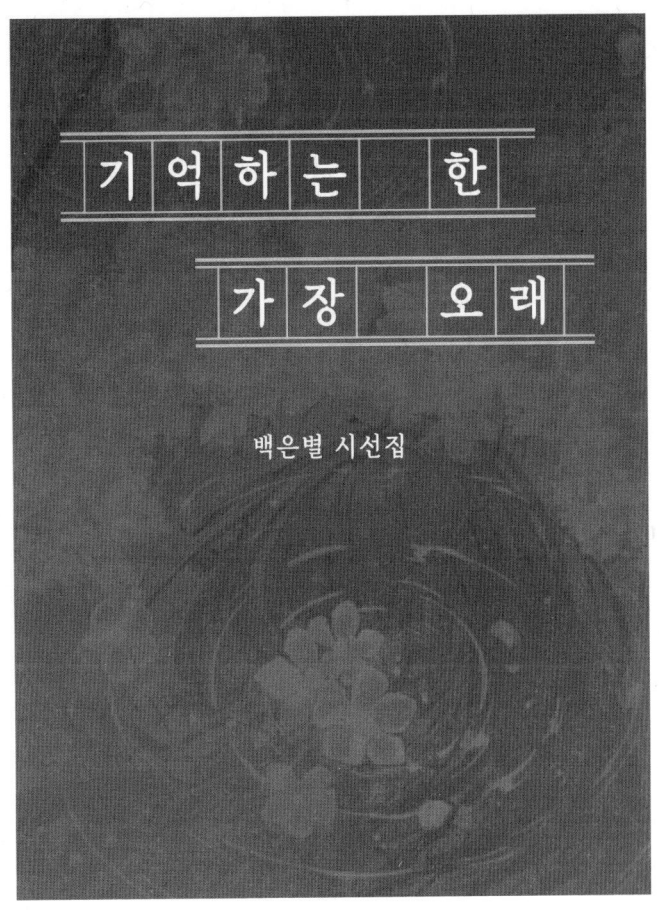

"자꾸만 흩어지려는 순간을 붙잡을 수 없으니"

한낱 순간이 내 곁을 지켜주고 잠식될 때까지

기억하고, 간직하려 한다.

작가의 말

저의 글이 누군가에게 전해질지 잘 모르겠습니다.
고독함을 채우고자 여백을 써 내려갔는데
여전히 방황하는 이야기의 끝이 보이질 않습니다.

이번 <기억하는 한 가장 오래>도
세상을 유영하다가 우연히 만난
소중한 독자님들께 잘 전달되길 바랄 뿐입니다.

지난번 출간한 시집 <성장통>에 비해
더욱 성장한 모습과 진솔한 이야기가
여러분을 맞이할 것입니다.

청춘의 가장자리에서 뼈저리게 아팠던 시절,
성장하기 위해 삼켜야 했던 고통은
이제 과거의 추억으로 묻어둡니다.

다루기 어려운 사랑 이야기도,
단순한 위로의 감정 이야기도 아니기에
이번 도서에 제목을 지을 때 더욱 신경을 썼으며,

남들과 다른 저만의 감성을 담아내기 위해
부단히 펜을 잡았습니다.

미성숙해 보일지라도,
이 글을 '기억하는 한 가장 오래'
소중히 간직해 주셨으면 좋겠습니다.

2024년 10월
백은별

차례

1장. 아지랑이 밑에 깔린 사랑을 위해

습작	16
성장	17
욕심	18
선잠	19
한계	20
별자리	21
털실	22
연서	23
꽃 같은	24
시선	25
다정을 멈춰주세요	26
남의 바다	27
무책임	28
책갈피	29
여름 냄새	30

타의적 자살	31
배려	32
서리	34
구름	35
영원	36
상사병	37

2장. 바스러지는 기억을 위해

우울에 침식당한 밤	40
비극	41
별	42
편지	43
첫사랑	44
마침표 없는 문장	45
우리의 사탕은 달콤하지 않다	46
늦여름	47
긍정	48
돌아서는 마음	49
풍선껌	50
봄밤	51
어린 나에게	52
예외	53
어렸을 적 꾸던 꿈이 뭐였나요	54
여름, 겨울, 청춘, 무한한 영원	55
사랑받고 싶었다	56
허황된 미소	57

여름 같은 사람에게	58
기억의 저편	59
낭만은 낭만이라지만	60
아무래도 너를 사랑했다	61
기억하는 한 가장 오래	62
때 묻은 연서	63
시차	64
아이에게	65
괜찮아	66
별은	67
흔적만 남은 여름	68
위선	69
장마 없는 여름	70
빨랐으면	71

3장. 곱씹어 삼켜보는 낭만을 위해

당신에게 낭만이란	74
그런 날도 오겠지	75
삶의 경계선에서	77
잘 지냈어?	78
성장의 발판	79
후유증	81
기억	83
깃든다는 것	84
사랑	85
우울에게	86
안녕, 여름	87
동심(同心)	88
여름이 다가올 때	89
우리에게 남은 것	90
줄기	91
사랑이란	93
창가	94
무용	95
변질되어 버린 것에 대한	96
공상	97
겨울밤	99

염원	100
저녁, 우리	101
연약한 위로	103
어제의 나에게	104
아가미 없는 물고기	106
봄은	107
존재	109
그런 사람	110
이토록 예쁜	111
회상	112
수신인 불명	113
잠결	115
사랑, 상처	116
겨울 속에서	117
약속이란 이름의 거짓말	118
버스 정류장	120
과거	121
끝	122
마지막	124
비포장도로	125
인형의 노래	126
우리가 이별한대도	128
밤이	129
채운다는 것	130

1장. 아지랑이 밑에 깔린 사랑을 위해

습작

세상의 온갖 예쁜 말들은
전부 너를 위한 것이었나보다

잘 익은 사과를 한 입 베어 무는 행위가
절대 짓궂지 않다는 걸 알려나
습작의 향기가 달콤하다는 걸 알려나

글의 무게가 너와 엇비슷했다
궂은 날씨가 대부분이 나였다
다만 연필의 감촉은 서려왔다.

온갖 예쁜 말들은 널 위해 썼다
쓰디쓴 글도 쓰다 만 글도
널 위해 썼다.

성장

한 발자국 다가선 나는
조금 아픈 뒤를 돌아봤다

가시밭길이라 생각했던 길은
돌아보니 지압판이었을 뿐

부끄러워 숨기던 과거는
유희로 넘길만한 일화일 뿐

그 모든 길을 함께한 나 자신은
서로를 조금 더 잘 알게 되었다.

욕심

방황 중인 눈동자의 방향을 잡아준
욕망의 총 한 자루
과녁이 너인 듯 네가 과녁인 듯
너에게 총구를 돌렸다

방아쇠를 당겨 너를 망가트린 후
함께 망가져 볼까
총구를 치우고 뒤를 돌아
새카만 속에 나만 망가질까

함께든 혼자든 결과가 같다면
전자를 선택하고자 한다
그 총구의 끝이 나를 향하고 있는 줄도 모르고.

선잠

어수룩한 새벽녘에 떠진 눈
황혼으로 물든 하늘에서 내리는 빛
여과 없이 투명하게 통과하는 소리

푹신한 이불의 감촉과
약간은 축축한 등과 침대의 마찰

그 모든 황홀을 뚫고 들어온 소리는
명확한 이유 없이 정한 것

모든 것이 불확실한, 불명확한
그런 시간에 나를 던진다.

한계

지구의 세상이 끝나지 않듯이
우리의 시간이 영원할 거라 믿듯이

네가 줄 수 있는 것과
내가 줄 수 있는 것 사이의 일탈
굳이 잡고 있는 동아줄을
놓아버리지 못하는 이유

투명한 장미를
푸른색으로 물들이면
그제야 보이는
그 시간의 이유.

별자리

저 별이 나의 것이다
저 별과 저기 저 별을 합치면
하나의 선이 되고
그렇게 모은 선들을 하나둘 합치면
밤하늘을 도화지 삼은
그림이 된다

그 그림이 나의 것이다
나의 계절이고
나의 방향이다
그 그림 아래 붙인 이름은
모두의 것은 아니지만
온전한 나의 것

저 별이 가장 밝게 빛난다.
저 별이 조금 깜빡거린다.
하지만 이음 선들에 가려져
모두 하나가 된다.

털실

끝에 달린 털실 하나가
이리저리 흔들리면
동공 너머 깊은 유리체에
살아있는 것이 꿈틀댄다

그 번데기나 애벌레가
꿈틀댈 때마다
눈꺼풀을 자주 깜빡인다

이물감에 눈을 비비면
털실 가닥이 삐져나와
주르륵 소리를 낸다.

연서

삶이 바스러지는 상상을 한 적 있나요
생의 끝이 오는 일이 있겠죠

저는 당신의 뒷모습만 바라봐도 충분하니
당신을 뒤돌아보지 마세요
앞만 보며 걸어 주세요

저는 제 삶이 바스러질 때까지
생의 끝에 닿을 때까지
바라만 보겠습니다.

꽃 같은

꽃 같은 것들을 가득 메우면
굳은 정원엔 안개가 차고

꽃 같은 것들이 너를 찾아오면
노을 끝에 유유한 광대가

꽃 같은 서로가 눈을 맞추면
하늘이 축하하듯 비를 내린다

꽃 같은
그것, 그, 그녀, 꽃, 지옥, 마음, 사랑.

시선

그대의 눈을 봐도
어째서 그대는 나를 보지 않나요

눈이 와도 보지 않을 건가요
비가 와도 그대로일까요

저는 그대가 사무치게 아파도
그대를 바라보는데
아무렇지도 않은 그대는
어째서 나를 보지 않나요

아무렇지 않게라도
나를 바라봐 주세요.

다정을 멈춰주세요

제가 당신을 사모하고 품는 게
인연이 아니라는 걸 압니다

아지랑이 비추는 눈결처럼
서리 부는 바람이 흘렀으면
내 가슴이 아파 오는 연유입니다

다정을 멈춰주세요

유리구슬이 산산조각 나는 꿈이
악몽이 아니라는 사실을
당신도 아는지 모르겠습니다

벗어나게 해주세요
이 악몽에서
그건 당신만이 할 수 있는 일이니까.

남의 바다

겁도 없이 뛰어들었다
내가 긋고 싶던 선을 그었다
침범하면 안 되는 말을 믿었다

아름다운 바다였다
누군가가 미사일을 쏘아도
피할 자신이 있었다

배에서 뛰어내려
풍덩 소리를 내며 빠졌다
너의 바다에 들어왔다

바닷물은 짜지 않고 시원했다.

무책임

사랑해
그만한 말이 어디 있을까

세상에 책임질 수 있는 말은 별로 없다

그중 최고는 '사랑해'가 아닐까
마음을 책임질 수 있을까
사랑을 책임질 수 있을까

건널목 앞에서 목이 터져라 울부짖어도
돌아오지 않는 모든 것처럼

사랑과 사람이라면
모든 것이 무책임이다
그럴 수밖에 없는 것이다.

책갈피

마음에 드는 구슬을 골라
철사에 이었다

손끝에 닿는 재료 하나마다
사랑, 염원, 우울을 담아
마음에 드는 문장을 수집해
너에게 전하면
너는 멋지다 말하며 눈꼬리를 접었지

환하게 드러나는 미소가 좋아
기억을 꿰매듯 뜨개질하듯
책갈피를 만들었다

책장을 덮을 때마다 찰랑거릴 그것이
그 모든 감정을 담아내
춤을 추려 했다.

여름 냄새

여름만 되면 올라오는 냄새
생명력이 짙은 계절에
무언가가 죽어가는 냄새

마르지 않은 빨래가 눌어붙는 냄새
귀뚜라미가 우는 냄새
누군가에겐 비 온 뒤 갠 하늘같이
맑고 청량한 냄새가

내게는 오래된 장마같이
습하고 처량한 냄새가
가난의 냄새다.

타의적 자살

맑고 깊은 호수에서
누군가가 익사하는 걸 바라보았다
살려달라고 소리치는 듯한 몸부림과는
도무지 맞지 않는 평온한 표정
굳게 닫힌 입
누구도 그를 구하려 뛰어들지 않았다
누구도 익사하고 싶지 않았다
그 광경을 목격한 사람들은 그 후로 물을 무서워했다
맑은 물 위로 떠오른 변사체가 생생해서이다
구하지 못한 무력감 때문이다
그가 스스로 호수에서 뛰어들었다면
사람들은 그를 조롱했을까.

배려

가로등 빛이 너를 비추면
그 어떤 햇살보다도 네가 밝게 빛나서
나는 너에게 그림자로 남아도
충분할 것 같았어

나도 빛이 좋았지만
네게 양보할 수 있었고
나는 추위가 싫었지만
네가 좋다면 나도 함께할 생각이었어

볼펜이 딸깍거리는 소리가
귀에 울려 똑딱거리면
시계 초침 소리에 겹쳐서
너의 목소리가 묻혔어

멀고 먼 한낮의 꿈이
매일 밤 나를 찾아왔을 때
그 미소가 달린 달을
꿈이라 여기고 사랑했어

별빛 아래 속삭이던 별빛이
어쩌다 우리에게 닿으면
각자에서 서로로 겹쳐
깊은 잠에 빠진 거지.

서리

서러운 마음에 하얗게 피어났다
추운 날씨에 서린 마음이
이리도 오래 갈 줄 누가 알았을까

옅게 피어난 꽃이
가장 오래 살아남듯이
힘겹게 피어난 소망이
오래 간직되는 걸까

겨울에 시작된 오랜 마음이 모두 녹을 때까지
오랜 여름에 녹을
서리 한 송이.

구름

구름이 달빛을 가리면
우리의 밤은 희게 가라앉습니다
허연 꿈결처럼 가려진 상황이
모든 성장을 끈질기게 막습니다

구름이 햇빛을 가리면
우리의 낮은 희게 떠오릅니다
뿌연 상상처럼 떠오른 매일이
모든 사랑을 주옥같게 합니다.

영원

언제까지고 그리울게
언제까지고 구름일게
언제까지고 기억하고
언제까지고 간직할게

지키지 못할 약속을
기약 없이 내뱉는 이유는
영원을 믿기 때문이야

소망이 바스러질 때까지의 약속
약속이 희미해질 때까지의 소망

그 약속과 소망에
새끼손가락을 걸어도
결국엔 꺾일 약속

영원을 믿는 우리의 끝을 알 만하다고 하지만
그 사랑이면 된다고 웃는 우리였어.

상사병

분명 벚꽃은 다 졌는데
분명 하늘엔 아지랑이가 일렁이는데
왜 나는 여름이지 못하는가
왜 푸름은 푸르지 못하는가

덜 설레는 일화가
더 간질거리는 이유
앵두가 유난히 달빛에
햇살에 반짝이는 이유

아픈 마음이 꽃피듯 피어나도
실컷 웃지 못하는 이유.

2장. 바스러지는 기억을 위해

우울에 침식당한 밤

서러움에 못 이겨
잠 못 이루던 밤

보이는 물건, 풍경 하나마다
눈물샘을 건드려
베개를 적시던 밤

머리칼을 베개 밑에 한 움큼 뜯어 넣어 잠에 들면
다음날엔 웃으며 눈뜰 수 있을까
우리 하루는 괜찮을 수 있을까.

비극

가까이서 보면 비극
멀리서 보면 희극이랬나

멀리서 봐도 비극이었다

누가 들어도 비참하다고 말할 만한 이야기
동화 속 잔혹동화 같은 이야기

다른 이가 이런 삶을 산다면
나는 그걸 희극이라 부를까

누군가가 나를 본다면
나를 불쌍히 여길까.

별

요즘 따라 별을 바라보면 눈물이 습관처럼 흘러서
이곳저곳 흩어지며 사라지고 싶다고 말했다

네가 말했다
저 반짝이는 별은 길을 알려주고
먼저 떠난 순수한 영혼들이
너는 절대 따라오지 말라는 거라고

그 말에 울지 않겠다는 약속을 어겼다
이제는 전하지 못하는 말이지만
고마웠어, 너 덕분이야
이제는 별을 올려다봐도 울지 않아.

편지

누구에게도 닿을 수 없는 편지를 썼다
일주일간 매일 한 사람을 애절히 그렸다
누구에게도 닿을 수 없다는 걸 알고 있었다
청춘의 힘이었다
오랜 시간 시든 장미가 절대 떨어지진 않는 것처럼
내가 그리는 이가 시들 건 알지만
날 떠나지 않을 건 알고 있었다
다만 잉크가 말라붙을 때까지 적은 편지가
아직도 내 방 서랍에 있다는 사실을
알아줬으면 좋겠다.

첫사랑

누군가의 첫사랑이 된 경험이 있어요
아직도 조금은 쓸쓸한 기억
그에겐 달콤하게 남았으면 하는 기억

아직 나를 보는 눈동자엔
분홍빛 벚꽃이 아른거리나요
파릇한 여름의 초록이 보이나요

그랬으면 좋겠네요
나도 누군가에겐 그런 기억으로 간직되고 싶어요.

마침표 없는 문장

아무렇게나 끄적인 글이
영원했으면 하는
작은 바람이었습니다

이렇게 하면 영원히 끝나진 않겠죠
문장에 마침표를 생략해 보았습니다

이어진 모든 인연의 실도 없었으면 좋겠습니다
우리의 문장에는 마침표가 없었으면 합니다.

우리의 사탕은 달콤하지 않다

우리의 사탕은 달콤하지 않다
우리의 사탕은 레몬 맛, 딸기 맛
그런 것들과는 거리가 멀다

어른들이 커피를 달고 사는 것처럼
쓰디쓴 사탕을 물고 있는 게
우리의 본분이고 이유였다

사탕을 입안으로 굴리면
피어오르는 그로테스크한 냄새
우리의 사랑은 이런 향이었나 보다.

늦여름

더위가 가시는 중입니다
나는 한껏 풍기는 꽃향기에
몸을 다 맡길 듯합니다.

선선한 바람이 불어올 때면
두 눈을 감고 즐겨왔습니다
그 오랜 억겁의 시간에
소리 소문 없이 피어납니다

피어난 꽃봉오리가 짓밟힐 때의 모습이
우리의 처음은 아니길
간절히 바라봅니다.

긍정

네가 긍정이었기에
나는 공상했다
내가 부정이라면 너는
어떤 표정을 지을까

새파란 밤하늘을
오랫동안 올려다보곤
긍정하네
사랑하네.

돌아서는 마음

어리석은 마음이 그만두라 소리치니
내가 어찌 붙잡고 있겠어요
서리 같은 마음이 깨지고 쓰러지려 하니
내가 어찌 더 다정하겠어요
얼음만 가득한 아이스티같이
그 모든 걸 두고 어찌 돌아서겠어요.

풍선껌

마음껏 부풀어 오른 생각이
지나쳐 오는 사상에 스친다
우리는 같은 곳을 바라보며
적어도 중력을 느낀다

씹고 씹은 단물 빠진 기억이 질릴 때쯤
너를 씹는다

비릿한 냄새가 질기게 올라온다
누굴 위한 기억일까
어떤 풍경을 그리던
질긴 기억일까.

봄밤

오늘 밤에는 벚꽃이 생명력을 잃었나 봅니다
무채색은 누군가에겐 아람이고 그 이름이네요
달밤에 빛나는 당신은 저 하늘을 바라보나요

어쩌면 그대는 모든 게 흐려진 이 시간을 사랑했나요
저 모든 것들을 당신의 탓으로 돌리고
우리만 남게 된다면 좀 좋을까요

벚꽃이 바람에 떨어지네요
우리는 나태한 밤을 보내는 중입니다.

어린 나에게

외로움을 숨기기에 급급했던 어린 나에게
우리는 어른이 되어가는 중이라고
우리는 어쩌면 평생 못 맞을 아침을
기다리는 중이라고

아침은 오는데 네가 밤이면
우리의 아침이 오겠니

그러니 해를 보고 외면하지 말아주렴
너는 그림자보단 햇볕 아래가 어울리는 아이더라.

예외

수많은 실상 중에서 굳이 다른 것
어디서나 예외는 있었다

우리가 버섯을 캐는 꿈이라든가
그 꿈을 기다리던 어린아이라든가
여름 안에 머물던 매미 소리라든가
겨울 속에 파묻힌 눈사람의 신음 같은 것

우리의 예외는 어디에 있던가
누군가에게 묻혀 있던가.

어렸을 적 꾸던 꿈이 뭐였나요

어렸을 적 꾸던 꿈이 뭐였나요
바다를 가르는 해적 무리의 선장
높은 성에 사는 말괄량이 공주

그 어떤 것에도 진심을 담던 시절이 있었는데
그날을 그리워만 하기엔 나의 상상이 아까워
그날들의 공상을 옮겨 적네요

순수하던 시절의 꾸밈없는 대사들이
누군가에겐 심금을 울리길 바라면서요.

여름, 겨울, 청춘, 무한한 영원

여름, 겨울, 청춘, 무한한 영원
네가 좋아할 법한 단어들을 골라 적었다
너는 낭만을 사랑했지, 나를 사랑한 게 아니라
무한한 영원을 그리던
네 눈동자에 비친 나는 어디 있어?
여름을 사랑한다던 너는
겨울을 그리던 너는
청춘을 만끽하던 너는
그 모든 곳에서 나를 찾음과
그 모든 곳에서 나를 버렸다.

사랑받고 싶었다

너를 그린만큼 내 마음이 아려와
어떤 것을 먹어도 달콤하지가 않은걸
굳이 굳이 너의 탓을 하며
하늘을 원망하고 세상을 원망하며 너를 원망해

네가 아니어도 됐지만
너여야만 했던 것
이젠 전하지조차 못한 꼬깃꼬깃한 말을
이제야 전하는 이유는

사랑받고 싶었어.

허황된 미소

너를 바라보며 웃었다
사실 더 웃어줄 수 있었다
네가 원하는 만큼, 얼마든지 더

나의 가식을 아는지 모르는지
내 마음을 아는 너는
진심으로 내 안에 들어오려고 했다
오랜 여름이 지칠 때쯤
생각 없는 말들이 허공에 맴돌았고
주워 담을 공간조차 없던 나였기에
그저 미소 지을 뿐이었다.

여름 같은 사람에게

장마가 기승을 부리던 여름이었다
그 이듬해 여름도 같았다
네가 날 떠나는 더위는 무엇보다도
견디기 힘든 것이었다
응어리처럼 남아있는 사람이었다

그래도 우리가 나란히 걷던 그 길은 아름다웠다
집에 널 데려다주는 날이면
길가에 핀 금목서 향이 너무 좋다며
예쁘게 웃던 너였다
이젠 모두 지난 추억이 되었을 뿐이지만
이 말을 꼭 전해야겠다

누구보다 여름 같은 사람아
아프지 말고 잘 지내
언젠가 다시 여름에 찾아와 줘.

기억의 저편

오래된 상자에 꼭 걸어놓은 약속이
사라질 억겁의 시간이 지나고 나면
우리는 어디쯤 머물러 있을까요

그리고 그리던 사람과 사람의 인연이 바스러지면
향나무 아래에서 맺은 인연이
어떻게 저물어갈까요

나는 당신을 그리고 그리다 지쳐 못해 그립니다
사랑의 방증이지요
쉬운 말들을 늘어놓아도 저 저편 너머에 있는 말들은
네게 닿지 않는단 걸 알아요.

낭만은 낭만이라지만

너와 함께하는 모든 밤들이 좋았어
뭐가 어찌 됐든 상관이 없다고 생각했는데
네가 뭐가 어찌 되려 하니까 조바심이 나더라
낭만은 낭만이라지만 그건 싫었어

네가 언젠가 이 세상에서 사라지더라도
어차피 떠날 인연임을 알고 있음에도
내 마음을 모두 주고 마음껏 아파하기로 했어

낭만은 낭만이니까
이것도 나쁘지만은 않을 거야
그치?

아무래도 너를 사랑했다

아무래도 너를 사랑했다
겨울 한가운데 버려져 있던 우리를
구원한 건 우리잖아

함께 보내자고 약속한 새끼손가락이
그저 야속한 기억이 될 뿐이었단 걸

험난한 길 속에서 손전등을 비춰주고
낭떠러지 앞에서 떨어지지 않게 잡아주고
그건 전부 서로였잖아

함께 굴렸던 사탕과 골프공
아무래도 너를 사랑했다.

기억하는 한 가장 오래

이 세상이 언제까지 이 상태일지 생각해 봤어?
언젠가 우리 모두 사라진다면
언젠가 이 세상의 생명력도 결국 바닥난다면
우리에게 남은 건 사랑 말고 뭐가 있을까

기억하는 한 가장 오래 머물 추억이
기억하는 한 영원히 남을 우리가
그 어떤 연유로 헤어지게 된다 해도
이것만큼은 기억해 줘

우리는 평범해도, 특별해도
우리로 남을 거고
그 아래에서 우린
웃기만 하면 되는 거야.

때 묻은 연서

그대에게,
설령 수신인이 다르다 하더라도
내 마음을 전부 담으려 합니다
그 어떤 변명도 내 마음을 대변할 순 없으니
손수 눌러 담습니다
그리 순수하지 않은 가슴이
그대를 닿게 할 수 있었으면 좋겠습니다

잘 지내시나요

물음표 없는 문장을 가슴에 묻고 산답니다
이젠 그대에게 묻고 싶습니다

잘 지내시나요
아픈 곳은 없으신가요
한 번이라도 뒤돈 적 없으셨나요
이만, 각필합니다.

시차

그대 어떤 시간 속에 살고 계셨나요
저는 황혼에 머물러 있습니다
해 질 녘의 빛에 전부 흡수당해
겉껍데기만이 남아있는 저는
당신의 시간 속에서 살아보고 싶습니다

당신의 시간은 어수룩한 새벽녘인가요
정녕 그렇다면 빛을 봐줘요
한 걸음 물러서서 하늘을 봐줘요
무성한 유성들이 반짝이는 것을
저는 한때 동경했답니다

아직도 하고픈 말이 많아요
아름다운 것들만 나열해서는 안 되는 거잖아요
다만 저는 황혼도 새벽도 아닌
이곳에 자리 잡으려 합니다
이것이 저의 차선이고 위선이니까요.

아이에게

지저귀는 샘물같이
맑은 아이야
때 묻지 않은 순수함으로
자라주렴

세상은 너무 시끄러우니
너는 너만의 청춘을 살아라
귀를 틀어막고
시야를 넓게 해서 살아라

내 말조차 들리지 않아도 좋으니
아이야,
너는 인생을 아름답게 살아주렴.

괜찮아

이 한마디가 뭐 그리 듣기 어려울까요
기나긴 허송세월을 보낸 지도 오래
그 한마디가 고픈 지도 오래

유난히 고된 하루를 보낸 날
모든 게 나의 잘못 같았던 날
어째서 모든 건 나를 몰아세우는 건지
의문인 날

그럴 때 누군가가 건네준
단순한 위로가
유독 마음에 와닿을 때가 있었던 것 같아요

그러니 괜찮아요
오늘 같아도
내일 나아지지 않아도.

별은

별은 헤어짐을 몰랐다
늘 그 자리 그곳에서
같은 별들과 반짝였기 때문에

별은 반짝임을 몰랐다
주변의 아름다움만을 동경하며
자신의 빛을 숨기는 데 급급해
어설피 깜빡였기 때문에

별은 깜빡임을 몰랐다
거울 없는 무한한 어둠에 가려져
힘껏 빛을 낼 힘 없이
묻히길 바랐기 때문에

별은 어둠만을 알았다
가장 닮고 싶은 동시에
가장 닮고 싶지 않았던
지독한 일상이자 악몽이었기 때문에.

흔적만 남은 여름

네 이름이 떨어졌다
무수한 낙엽처럼 그렇게
그렇게 해서 우리에게 남은 건
서로가 머물렀던 흔적뿐이네

머물렀던 자리엔
여름날 노트에 묻은 땀자국같이
없애지 못할 흔적이 남아있다

함께 보낸 여름이 무색하게도
계절은 가을로 흐르고
여름과의 안녕과 함께
우리도 손을 흔들 준비를 한다

서로의 뒷모습에선
서로의 모습을 찾지 않길 바라며.

위선

맞아요
당신은 원래 그런 사람이었죠
변할 것이라 기대한 제 잘못입니다

무성한 꽃밭이
오직 나를 위한 것이라는 위선을
곧이곧대로 받아들였습니다

설령 사랑을 지어다가 쓴다 해도
기억은 시간을 기다려 주지 않으니
선량한 말들에
속아 넘어가지 않기를.

장마 없는 여름

유난히 비가 내리지 않는 여름이었습니다
그래서인지 무더운 열대야는 익어갔고
그렇기에 우리의 밤도 뜨거워졌습니다

장마 없는 여름을 보내는 것은
사랑 없는 시간을 보내는 것과 비슷한 기분이었습니다

사랑 없는 시간은 메마른 기억이니
그대는 날 떠나지 말아 줘요

오래는 아니더라도
아주 잠깐이라도
떠나지 말고 내 곁에 있어 줘요

장마 대신 찾아온 그대에게.

빨랐으면

내 걸음이 조금만 더 빨랐으면
신호를 놓치지 않았을 텐데

내가 한발 빨랐으면
널 놓치지 않았을 텐데.

3장. 곱씹어 삼켜보는 낭만을 위해

당신에게 낭만이란

저는 당신에게 낭만이었나요?
평생 잊지 못할 추억이었나요?

당신에게 낭만이란 여름 같은 것이라고 합니다
한데 저는 여름이 아니었는걸요

당신이 말하는 다정과
내가 말하는 다정이
약간은 달랐나 봅니다
이리도 아픈 걸 보니

그러니 우리 조금은 멀어집시다
다시 돌아갈 수 없다는 걸 알기에 하는 말입니다
서로가 괜찮지만 괜찮지 않으니

밤마다의 추억도 잠시 고이 담아두고
미래만 내다봅시다.

그런 날도 오겠지

불안감에 잠 못 들던 밤이 있었지
쿵쾅거리는 심장 소리에 이끌려
나까지 아무것도 못 하던 밤

실컷 울고 일어나면
모든 게 마법처럼 해결되어 있을 거란
애매한 희망을 품고
잠결에 울고 또 울던 밤

누군가가 다 울었냐 물어도
고개를 젓고는
한참을 목이 멜 것 같은 밤

그런 수많은 밤을 보내고 여기 남은 나는
더 이상 울지 않는
아리송한 나이에 머물러 있다

실컷 울기엔 조금 많은 나이
울지 않기엔 조금 어린 나이

그렇다고 다시 엉엉 울 힘은 없고
울지 않으려니 현실이 힘에 부치고

차라리 죽어라 힘들던 때로 돌아가고 싶은
그런 날도 있더라고
그래도 현실에 안주하다 보면
언젠간 울지도 웃지도 않아도
편한 날이 오겠지.

삶의 경계선에서

삶의 경계선에서 방황하고 있는
어린 청춘들이여
어떤 마음으로 세상을 살아가든
어쩌면 고통은 늘 일정할 수도 있다
내가 마음먹기에 따라
세상이 변하는 것은 아니다
다만 내가 마음먹기에 따라서
나의 아침은 달라질 수 있다

세상을 아름답게 보기로 결정한 이들은
아름다운 아침을 맞을 준비를 한 것이다.

잘 지냈어?

별거 아닌 일에도
유독 감정이 복받치는 날

그 사람이 건네주던 위로가 그리워
괜히 시답잖은 연락을 보내보는 날

잘 지냈어?
물어보면 늘 돌아오는 반문
내가 답하면 너는 나를 따라 답했다

서로가 미우면서도
애틋할 수밖에 없는 이유

그건 우리가
그간 잘 지내지 못해서인가 보다.

성장의 발판

다치려 하지 않아도
우리는 모두 다칩니다
각자만의 상처, 각자만의 흉터를 지니고 살아가죠
우리는 왜 아파야만 하는 걸까요?

어제처럼 아무 일 없었으면 좋겠는데
왜 오늘은 아픈 걸까요?

왜 평온한 날들은 지속되지 않고
늘 새로운 일들이 생기는 걸까요?

저는 어쩌면 그렇게 생각합니다
모두 성장의 발판이 아닐까, 하고요

꽃밭에서 자란 아이는
평생 꽃 말고는 아무것도 모르겠죠
그게 과연 좋은 걸까요?

우리는 세상을 살아가며 다치고 깎이면서
고와지는 과정을 겪으며
너무 아파하고 있는 것 아니었나요.

후유증

오랜만에 사무치게 보고 싶다는 생각을 한다
어떤 사람을 그리는 게 꼭 아름답지만은 않은 것 같다
이런 이별도 있는 거겠지
이런 마음도 있는 거겠지
생각을 해봐도 그저 그런 것일 뿐
떠나간 사람이 돌아오지는 않는다

모두 다 잊고 처음으로 돌아간다면 우리
조금은 다른 결과가 나올까

무한한 후회와 윤회 사이에서
갈등하지도 못하고 가만히 서 있는 나를 본다면
너는 무슨 말을 할까

내가 자초한 일을 내가 후회하는
그런 어리석은 모습을 네가 본다면
너는 무슨 표정을 지을까

오래된 후유증이다
오래된 사랑이다
오래된 그리움이다
오래된 만남이다

다만 오래되지 않은 마음이다
계속해서 피어나는 생각이다

사랑의 맹세가 꼭 그랬어야 했을까
하지 않았다면 어땠을까
우리 조금은 괜찮았을까
우리 전처럼 아무렇지도 않게
돌아갈 수 있었을까.

기억

너는 이 시를 기억해?
내가 그곳에서 보여줬던 이 시

우리가 갔던 공원의 내음은 기억할까
그때의 붕 뜬 기분은 기억할까

기억이란 언젠간 풍화되는 것
걸어온 발자취가 언젠가 빗물에 흐려진다 해도
쌓아가는 것에 의미를 두며
그렇게 과거가 될 것을 두려워하지 않는 것

누군가의 과거가 되었을 때
우리는 웃을 수 있을까.

깃든다는 것

괜히 발걸음에 여지를 두는 날이 있다
그런 날이면 나는 한 걸음마다
시간을 두고 공상하는 것이다

한 걸음에 추억을
한 걸음에 기억을
마지막 걸음에 사랑을

깃들어있는 모든 것에 대한 찬사
우리는 내일을 걸으며
오늘을 깃든다.

사랑

감히 질문으로 운을 띄자면
너는 사랑이 뭐라고 생각해?
생각해 봐, 모든 사랑은 아파
한데 왜 사람들은 사랑을 미화하고 선망할까?

누군가 말했어
너무 아픈 사랑은 사랑이 아니었다고
근데 나는 그렇게 생각해
너무 아파야 사랑이지 않을까?

아파야지 청춘이고, 아파야지 사랑이면
왜 아름다운 것들은 고통을 수반할까

어쩌면 고통을 미화하는 것이
가장 아름답다고 여겨지는 것 아닐까.

우울에게

긴 시간을 함께한 우리지만
나는 아직 너에 대해 모르는 게 많아

왜 잊을만하면 찾아와?
왜 이유 없이 날 찾아?

나는 네가 더 이상 보고 싶지 않은데
왜 너는 늘 나를 반겨

왜 도피처처럼 도망치면
너에게 침식당해 아무것도 못 하게 해

너는 나를 너무 잘 알아
그래서 위험한 거야
그래서 네가 내 도피처인 거야.

안녕, 여름

고즈넉한 바람이 불어오는 시기에
산뜻하게 꺼져가는 이름이 있다

여름, 꼭 다시 만나자고 약속한다
우리의 푸르름은 식지 않으니
초여름부터 다시 시작하자고 말이다

이미 끝나버린 기간에 연연하는 마음이
언제까지고 가지 않을 거란 건 알지만

그래도 우리 약속하자
다시 초여름에 만나기로
안녕, 여름.

동심(同心)

고개를 올려볼 때 너도 그랬을까
우리는 너무나 오래 떨어져 있었다
기다린 만큼 멀어진 마음이
다시 닿진 못한다

그러나
우리가 같은 별을 바라본다면
고이 담은 마음이
한껏 양기를 모아
다시 너에게 내려올 것이다

그런 생각을 하며 나는
우리가 약속한 별을 바라본다
너 또한 같은 별을
느끼고 있길 바라며.

여름이 다가올 때

여름이 다가올 때는
그런 소리와, 그런 향기가 난다

푸른빛의 하늘
우리는 하늘 아래 내음에 녹아내린다
참매미가 우는 익숙하리만치 정겨운 소리
그런 세상에서는 상쾌한 냄새가 난다

해는 서쪽으로 누울 때
우리는 해를 띄우고
지독한 여름의 향기는
하나의 향수가 되어 깊게 박힌다.

우리에게 남은 것

우리에게 남은 것은
그 어떤 물질적인 것도
감정적인 것도 아닌
그저 그런 것이었다

솔직한 마음을 적어 내려가다 보면
보이는 것
너와 나에게 남은 것은
추억도 그리움도 아닌
그 시절의 느낌
향수
향기
이런 것이었다.

줄기

제가 줄기라면
그대는 꽃인가 봅니다

나는 그대를 받쳐주느라
온 진땀을 빼면
내게 피어나는 건 잎사귀요
꽃이 아니었다

누구보다 사랑받는 너는
나를 거들떠도 보지 않은 채
나의 희생은 당연하다 여긴 채
아름답게 피어났다

당연한 숙명인 것인지
기나긴 원한인 것인지
우리는 함께할 수밖에 없음에
안도하고, 증오했다

내가 널 피운 것이냐
네가 날 자라게 한 것이냐

알 수도 없는 윤회의 고리에
그저 씁쓸한 미소를 지었다.

사랑이란

정의되지 않은 감정이다
물론 사랑이란 단어로 정의되긴 했다만
그 안에 담긴 불안함, 죄책감, 허망함
그런 단어는 어떻게 포장할 텐가
그 모든 단어가 사랑이라면

사랑:
누군가를 그리며 아끼고 불안해하며
약간은 허망한 감정

으로 재정의하자

사랑은 그런 것이 아니던가
어찌 아름답기만 한 걸 사랑이라 부르나.

창가

창가 너머로 들어오는 햇빛이
구름에 가려지는 것을 반복한다
구름이 흘러가는 대로 내 책상 위엔
빛이 들었다가 사라진다

비가 내렸다
누군가가 그토록 기다리던 비였다
이제 내 창가엔 아무런 빛도 스며들지 않지만
창밖으로 빗줄기가 바닥을 치는 소리가 울린다

그걸로 만족한다
저 너머 어딘가에서
비를 맞고 있을 너를 생각하니
그거면 됐다 싶었다

기다리던 소낙비를 마음껏 맞아줘

들리지 않을 창가에 속삭였다.

무용

저는 무용합니다
누군가에게 사랑이 되지도
누군가를 사랑하지도 못합니다

사랑 없는 인간이 어찌 유용하겠습니까
그러니 저에게 사랑을 알려주지 마세요
사랑을 주려 하지 마세요
고이 담아 간직할 테니
그대로 가져가 주세요

저는 무용합니다
아니 무용해야 합니다
저의 삶에 이유가 생기는 순간부터
저는 살아갈 수 없게 됩니다

애매한 희망은
절망보다 비극적이니까요.

변질되어버린 것에 대한

계절이 변하면 함께 변하는 마음이 있다
이를테면 사랑 같은 것
아무런 상관이 없는 것 아니냐 해도
계절에 따라 마음은 바뀌기 마련이다

사람은 사랑으로 변하고
사랑은 사람으로 변하니

변질되어버린 것에 대한 모든 것은
그저 사람이고 사랑이고
눅눅해진 마음이다.

공상

아무 생각도 하고 싶지 않은 날이 있어요
그런 날이면 주로 포근한 침대에 누워
공상을 합니다

언제까지고 이렇게 살 수 있을까
불안감이 밀려올 때면
서재에서 책 한 권을 꺼내
천천히 곱씹으며 읽습니다

사랑 같은 것을 생각하다 보면
또 한참을 공상에 빠지기도 하죠
그런 것들은 간단하게
정의 내릴 수 있는 것이 아니라서요

저에게 공상이란 조금 특별한 것입니다
덕분에 제가 살아있고, 숨을 쉰다고 생각해요
그럼 그 많은 생각들과 함께 사는 나는
얼마나 많은 생각들이 남아있을까요

사랑에 빠지는 날
사랑이 끝나는 날
모든 게 시작되는 날
아무것도 할 수 없을 것만 같은 날

모두 저에게 소중한 시간인걸요.

겨울밤

입김을 불어 올리면서
붉게 시린 손끝을 문질렀다

그럼 누군가는 차라리
내 손을 잡으라 했다

그렇게 잡은 손도
나와 똑같이 시렸다

차가운 손을 맞잡으며
나는 무슨 생각을 했던가

세상이 모두 얼어붙어도
우리는 그러지 않을 거라는 맹세였을까.

염원

바다가 보고 싶어
한 마디에 넌 날 바다로 데려갔다
더 이상 디딜 곳도 없는 파도 앞에 서서
원 없이 윤슬을 보았다

영원하고 싶어
너는 그렇게 말했다
눈에 보이지 않는 것들을 사랑하던 너는
영원을 염원했다

하지만 나는 네가 바다에 데려간 것처럼
쉽게 영원을 말할 수 없었다

언젠가 사라질 것을 알기에.

저녁, 우리

여름밤은 위험하다
밤새 누군가와 함께하고 싶게 만든다
그런 밤으로 넘어가기 전,
나는 숨을 크게 내쉰다

저녁의 우리는
웃지 않는 법이 없었다
늘 웃고 있던 우리는
노을 아래 반짝였다

길게 내쉰 한숨은
바람이 되어 깃들고
가끔 흘린 눈물은
이슬이 되어 증발했다

소중한 저녁의 우리에게,
우리의 밤은 길고
함께할 시간은 영원하니
울지 말렴
너도, 나도
웃는 게 가장 예쁘잖아.

연약한 위로

괜찮았어
괜찮아
괜찮을 거야

이 말이 너에게 닿을지 모르겠지만
할 수 있을 때까지 속삭일게

연약한 마음이 갈피를 못 잡고 흔들릴 때
길을 알려준 건 너 자신이었잖아

그러니 괜찮아 길을 잃어도
연약한 네 위로가
다시 길을 찾아줄 거야.

어제의 나에게

비가 그치질 않네, 그치?
영원히 그치지 않을 것 같은 비는
그치기만 한다면 무지개가 뜰 텐데

오늘의 날씨는 어떠냐고?
아직 비가 내리고 있어
이번엔 장마인가 봐
아마 내일도 내릴 것 같아

일기예보 같은 건 아니야
그런 게 어딨어 그냥 예상이지
가을비가 좀 애잔하긴 해
눈도 못 되고 애매하게 내리잖아

그래도 너는 웃어야 할 거 아니야
네가 웃어야 내가 웃을 수 있는데
너까지 비가 되면 어떡해
제대로 숨 쉬어
정신 차리고
아무리 습해도 질식하지 않아
아무리 울어도 비에 가려지지 않아

내일의 너는 내가 될 거야
이토록 낙관적인 말만 내뱉을 수 있는 나
그니까 널 못 믿겠으면
날 믿고 숨 쉬어

그렇지
천천히.

아가미 없는 물고기

숨 쉬는 법을 몰랐던 나는
자주 숨 쉬는 걸 까먹었다

물속에서 살아야 하지만
물이 맞지 않았던 물고기

그래 움직이잖아
저기 저 구름도 조금씩

뭐가 됐든 강에 살잖아, 강이잖아
흐르잖아.

봄은

봄은
기다리는 것은
그리는 것은
봄이란 것은
기다리는 것, 그리는 것

봄은 나를 보면 뒷걸음질 쳤고
그런 봄을 쫓아 달리다 보면
어느새 다시 겨울이었다

봄은 기다려도 오지 않았고
그려도 오지 않았으며
봄이어도 봄이 아니었다

잘 가
끝내 놓아주었을 때
그제야 날 찾을까
봄은
그럴까.

존재

존재하는 모든 것에 의문을 가진다

왜 물은 물이고
나무는 나무이며
나는 나인가

존재하는 것 자체로
살아있다는 것은 아닐까
혹시 생명이 없는 것도
생명력을 지니고 있지 않을까

존재한다는 것
그것은 상상 이상의 의미가 아닐까

그런 사람

언젠가 야심한 새벽
누군가를 기다리던 기억
내게 꽃을 선물한
너라는 이름

오늘 밤은 울지 않을 거야
네 목소리가 함께할 테니까
어제도, 오늘도, 내일도
덕분에 울지 않으니까

꽃 내음에 파묻혀
평생을 살고 싶었던
그런 기억
그런 사람

이토록 예쁜

이토록 예쁜 하늘을
이토록 예쁜 꽃들을
나누고 싶은 시절이 있었다

이토록 예쁜 말들과
이토록 예쁜 행동들만
전하고 싶은 사람이 있었다

이토록 예쁜 너와
이토록 예쁜 세상을
함께하고 싶었다

회상

힘내라는 말의 무책임함에
고개 돌리고 울던 날들의 반복

야심한 어둠 속
지하철 차창에 비친
사람을 보고 질투했던 기억

기뻤던 날들을 회상하다
마음이 저렸던 날들

해가 질 때면
지나쳐 온 사람들이 떠오르던 밤

수신인 불명

어떻게 지내나요
저는 요즘
다 잊은 듯 아닌 듯합니다

굳이 꺼내 보지 않으면
생각나진 않아요
그대는 이미 한참 전에 그랬겠죠

한창 그대를 원망할 적의 글들을
읽었다고 들었어요

이 글의 수신인은 없지만
혹시 이 글을 읽을 그대에게

더 이상 원망하지 않아요
더 이상 기다리지도 않고요

그러니 남은 찰나의 마음까지
다 잊고 사세요

저도 그럴 테니.

잠결

너에게 하고픈 말은
이미 차고 넘치게 해서

너에게 건네지 않으려던 말조차
꺼내고 있는 나의 모습에

우리가 함께 꽃을 바라봤으면 어땠을까
이런 말을 건넨다

내가 건네지 않으려던 말은
그저 나의 몫으로 삼킨다

밤까지 너의 답장을 기다리다
그렇게 잠에 든다

사랑, 상처

다시는 그때처럼
아파하지 않겠다고
어린 다짐을 했었지

생각보다 세상에
사랑의 종류는 다양하고
상처의 종류도 다양했다

각기 다른 사랑이 낸
각기 다른 모양의 생채기가
모두 저려 왔다

꼭 네가 아니더라도
세상에 아플 사랑은 많았다

겨울 속에서

반복되는 계절에
나는 겨울에 갇혀 있다

모든 것이 잠들어 있는
고요의 계절에
여덟 번째 겨울을 보내는 중이다

언제쯤 겨울이 끝날까
나는 겨울 속에 갇혀 있어

겨울 속에서,
언젠가 네가 날 찾는다면 그때는 봄이 올까

알지 못할 미래에
기약 없는 약속을 스스로 걸어본다

겨울에서 벗어나기 위해
도망치기 위해

약속이란 이름의 거짓말

약속할게

어느 겨울밤 네가 했던 말을 기억한다
내게 목도리를 둘러주며 했던 말

지금 생각해 보면
무엇을 약속했던 건지
왜 내게 목도리를 둘러줬던 건지
기억나지 않는다

어느새 겨울이다
약속할게
라는 한마디만이 귀에 맴돈다

뭘 약속했던 걸까
우리, 영원을 약속했었나
그렇다면 그건 너무 터무니없는 거짓말일 텐데

약속할게

이젠 기억나지도 않는 목소리로
속삭이던 말

약속이란 이름의 거짓말로
우리는 삶을 연명해 왔다.

버스 정류장

집으로 향하는 직행버스를
너와 기다리고 있으면
점점 시려오는 손을 꼭 맞잡고는
시간이 조금만 느리게 가길 바랐어

늘 너를 집에 데려다주면
넌 다시 버스 정류장으로 날 데려다줬고
버스를 놓치는 날이라도 있으면
너는 한 시간을 넘게 혼자 걸어갔지

버스를 타면 늘 창가 끝으로 가
내게 손 흔드는 너를
보이지 않을 때까지 바라봤어.

과거

'과거를 붙잡고 있으면 현재'
라는 말을 좋아한다

그 말은 즉
너를 붙잡고 있으면
네가 내 현재 같다는 말로 들렸다

과거를 덮고 넘어가야 하는 추억이 아닌,
기억하는 한 현재로 남는 게 좋았다

넌 내게 현재로 남아주길 바랐다
그러니 난 계속해서 널 붙잡고 있을 거다
놔주지 못할 것이다

과거로 넘기기엔
너무 가까운 그리움이어서.

끝

조금만 참으면
벗어날 수 있을 거야

적어도 끝이 있는 길이잖아
우리는 끝이 없는 길도 걸어봤잖아

이번엔 조금 다를 거야
내가 네 손을 잡을 거거든
그러니 조금만 힘내자
곁에 내가 있다는 사실 잊지만 말고
뒤도 돌아보지 말고 걸어가자

힘들어도 널 위하는 사람들이 있어
세상 모든 사람이 널 욕해도
네 편이 여기 한 명은 있어
믿고 살아가자

이건 너에게 하는 말이 아닌
모든 나에게 하는 말.

마지막

우리의 마지막을 그리자
언제가 될진 모르겠지만
우리의 마지막은
우리가 직접 그리자

남에게 맡기지도 말고
남의 말을 듣지도 말고
우리만의 색으로
우리만의 그림체로
마무리 짓자
그런 마지막을 하고 싶어

너는 언제쯤
나와 함께 뜻을 맞출까.

비포장도로

덜컹거리는 마음을 느꼈다
낭만이란 단어로 포장하기엔
생생함이 아까워 남겨두었던 도로

어느 오래된 음악가의 숨겨진 음악처럼
사랑을 꿈꾸던 나날들이
낭만이랑 단어 안에 갇히는 게 싫어서
어떻게 보관할까 하다가
그냥 내버려두었다

우리는 끝없이 요동쳤다
경로를 이탈하기도 하며
덜컹거리는 소리를 내며 달렸다

그거면 됐다
도로를 달리는 우리 둘이면
그게 사랑이었다.

인형의 노래

동경하던 것이 있었다
아름다운 밤의 별빛 같은 것
움직이는 인간의 영혼 같은 것

인형의 꿈은 단순했다
만나는 인간의 안녕을 바라는 것
모든 안녕에 익숙해지는 것

익숙해지지 못한 인형은
밤하늘의 별빛도
인간의 영혼도 되지 못하고,
가질 수 없었지만
안녕에는 익숙해질 수 있었다

그 꿈에 다가갔을 때
시원섭섭함을 느끼던 그 감정을
평생을 생각하며
살아가기로 했다

인형은
그런 삶을 살아가기로 했다

익숙해지지 않는
익숙해지는
누군가 안아줬으면 하는

새벽녘 인형은
창가 너머를 응시하며
노래를 불렀다.

우리가 이별한대도

이별이란 단어의 무게에
초점을 실어 몸을 맡기니
한껏 울적해진 마음이
제자리로 돌아올 줄을 몰랐다

나는 너를 잃으면 슬퍼할 거야
이런 당연한 단어들에
괜스레 눈시울이 붉어지는 이유는

우리가 이별한대도
우리가 그 자리 그대로 머물렀으면 하는 바람에서다
슬퍼하지 않고
힘들어하지 않고

그냥 있었던 그 자리 그대로
처음부터 없었던 것처럼.

밤이

이 밤이 지나면
해야 할 일들이 너무나 많은데
이 밤이 끝날 것 같지가 않을 때

우리는 어떻게 살아야 하나
어느 하나 방향을 알려주는 이가 없을 때

늙은 시인의 말 한마디가
의도치 않게 마음에 와닿을 때

밤이 내게 주는 선물이다
한 걸음 나아갈 수 있게 하는 선물.

채운다는 것

눈물로 바다를 다 채운다는 것
흘려보낸다는 것

너로 나를 채운다는 것
사랑으로 우리를 채운다는 것

어수룩하게 잠드는 저녁들을 지나
희미해지는 기억을 붙잡고
추억을 채운다는 것

너로 인해 달라진 나를
과거로 치부하고
현재를 채운다는 것

끝맺음

이 글을 읽는 당신의 하루가
누구보다도 아름다웠으면 합니다.

힘들면 울고
행복하면 웃고
피곤하면 피곤하다고 말하는
그런 인생을 살았으면 합니다.

혹여 행복이 너무 멀리 있다고 생각이 되면
언제나 행복은 가까이 있다고
알려드리겠습니다.

잔잔한 우울보다
잔잔한 행복을 찾아 나서는 우리가 되길 바랍니다.

기억하는 한 가장 오래

1쇄 발행 : 2024년 12월 20일
5쇄 발행 : 2025년 11월 10일

지은이   백은별
펴낸이   이종혁
편집자   백주희

펴낸 곳   일단
이메일   ildanbook@naver.com
출판등록 2022년 11월 1일 제2024-000020호

ISBN   979-11-988696-1-6(03810)

· 이 책은 저작권법에 따라 보호받는 저작물이므로 무단 전재와 복제를 금지하며, 이 책 내용의 전부 또는 일부를 이용하려면 반드시 저작권자와 '일단'의 서면 동의를 받아야 합니다.

· 잘못 인쇄된 책은 구매하신 서점에서 교환해드립니다.